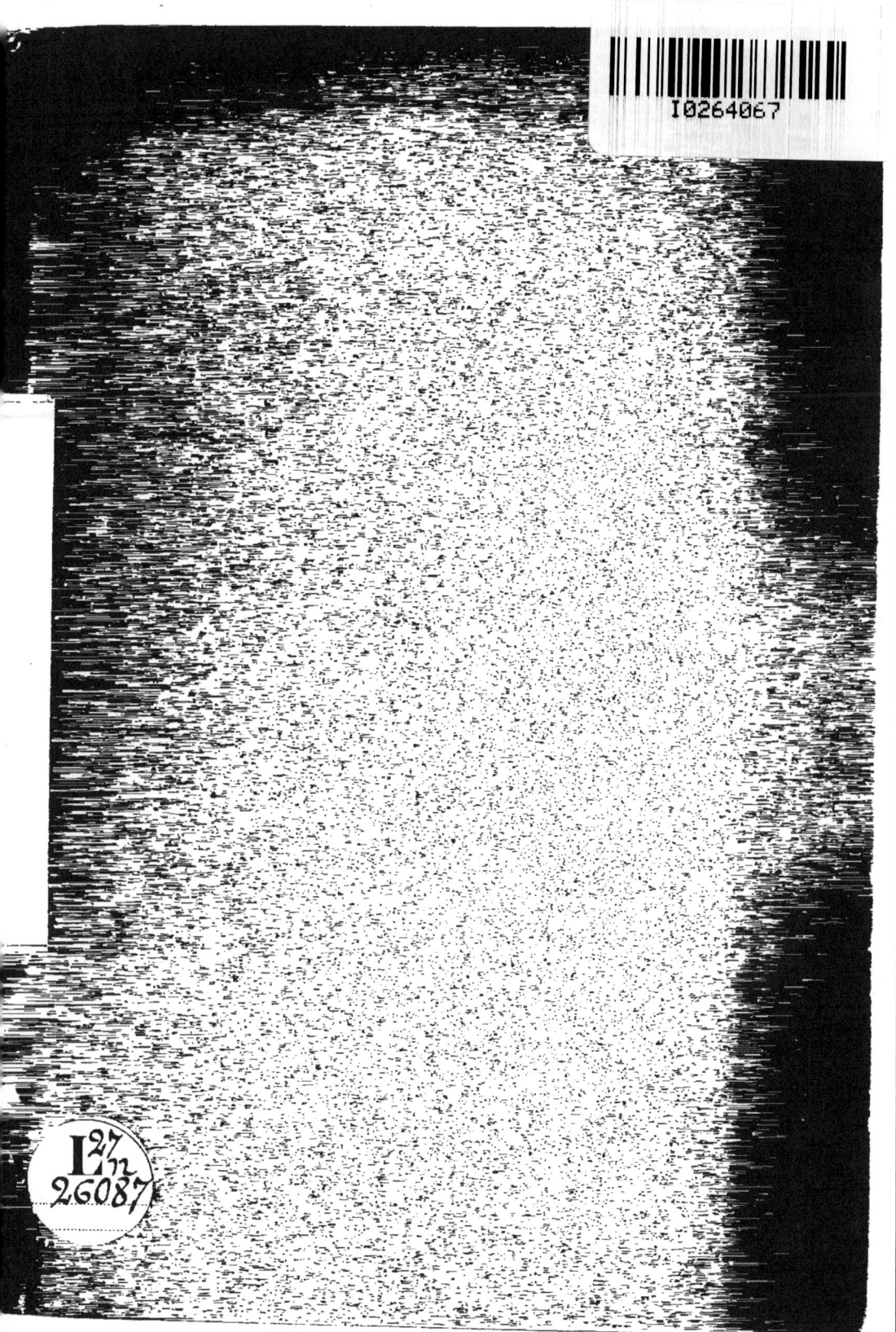

NOTICE BIOGRAPHIQUE

SUR

LE DOCTEUR RATER

ANCIEN MÉDECIN DE L'HÔTEL-DIEU,
ANCIEN PRÉSIDENT DE LA SOCIÉTÉ DE MÉDECINE DE LYON,
ANCIEN PRÉSIDENT DU COMITÉ MÉDICAL DU DISPENSAIRE
GÉNÉRAL DE LYON

PAR

LE DOCTEUR GUBIAN.

Lu à la Société impériale de médecine de Lyon,
le 30 mai 1870.

LYON
IMPRIMERIE D'AIMÉ VINGTRINIER
RUE DE LA BELLE CORDIÈRE, 14

1870

LE DOCTEUR RATER

(*Extrait du* Lyon Médical.)

LYON. — IMP. D'AIMÉ VINGTRINIER.

NOTICE BIOGRAPHIQUE

SUR

LE DOCTEUR RATER

ANCIEN MÉDECIN DE L'HÔTEL-DIEU,
ANCIEN PRÉSIDENT DE LA SOCIÉTÉ DE MÉDECINE DE LYON,
ANCIEN PRÉSIDENT DU COMITÉ MÉDICAL DU DISPENSAIRE
GÉNÉRAL DE LYON

PAR

LE DOCTEUR GUBIAN.

Lu à la Société impériale de médecine de Lyon,
le 30 mai 1870.

LYON
IMPRIMERIE D'AIMÉ VINGTRINIER
RUE DE LA BELLE CORDIÈRE, 11

1870

NOTICE BIOGRAPHIQUE

sur

LE DOCTEUR RATER

Si j'ai la témérité de vous tracer le portrait d'un de vos anciens présidents, c'est que j'y ai été entraîné par un sentiment de haute déférence pour sa mémoire, non moins que par un attachement dévoué à sa famille.

Aucun de vous n'ignore, Messieurs, qu'il est difficile de résister à ce besoin de l'âme, de s'attacher à une figure sympathique, estimée de tous, dont l'existence simple a été utile, consacrée qu'elle fut au culte du bien et à l'accomplissement du devoir.

§ I.

Pierre-Gabriel Rater naquit à Lyon, le 29 mars 1801, d'une famille riche et considérée. Son père, Philibert Rater, avait épousé Mlle Jeanne Orizet, fille d'une ancienne et très-bonne maison de Montbrison. Son grand-père, architecte fort apprécié, avait construit les quais et le cours d'Herbouville. Doué d'une intelligence vive et précoce, le jeune Rater se fit remarquer, de bonne heure, par une grande assiduité au travail, une conduite irréprochable, un ordre et une application dont les nombreux cahiers des cours suivis à l'Ecole préparatoire de médecine de Lyon et de Paris, et rangés avec un soin et une méthode admirable, peuvent donner la mesure. Ces excellentes qualités ne tardèrent pas à porter leurs fruits. Après deux années préparatoires, il concourut pour l'in–

ternat des hôpitaux de Lyon, et obtint le premier rang aux concours de l'Hôtel-Dieu et de la Charité. Quand il eut rempli, avec zèle, intelligence et dévouement ses fonctions d'interne, il alla à Paris suivre les cours de Dupuytren, qui avaient un immense éclat, ceux de Lisfranc et de Laënnec dont les leçons n'avaient pas moins de retentissement. Devenu bientôt l'élève affectionné de Laënnec, il ne tarda pas à subir cette influence puissante et décisive que son illustre maître a exercée sur la vie médicale de ses disciples. Aussi était-il passionné pour l'observation clinique, et comptait-il pour peu de chose tout ce qui se faisait en dehors de la clinique pure. Son habileté en auscultation, sa sûreté, sa précision dans le diagnostic des affections thoraciques, son intelligence très-nette des indications, il les devait, ainsi qu'il se plaisait à le reconnaître lui-même, à l'enseignement et aux principes qu'il avait puisés à l'hôpital Necker.

La famille du docteur Rater conserve, avec un pieux respect, le sthétoscope que notre collègue avait reçu de la main même de l'immortel inventeur de l'auscultation médiate.

Rater fut reçu docteur le 20 janvier 1825. Il avait choisi l'*hémoptysie* pour sujet de sa thèse inaugurale.

Il faut se reporter à l'époque où cette thèse fut soutenue pour en comprendre toute l'importance. L'auscultation et la percussion commençaient à éclairer d'une lumière nouvelle le diagnostic des affections de la poitrine ; or, vous le savez, Messieurs, ce n'est pas sans une certaine résistance que les découvertes les plus belles et les plus humanitaires ont pris rang dans la science. On ne saurait donc assez louer les bons esprits qui se sont efforcés de les vulgariser.

Dans son acte probatoire, le jeune docteur étudie avec grand soin l'hémoptysie active, passive, laryngée, trachéale, bronchique, tuberculeuse ou constitutionnelle. Il émet, dans un style sobre et élégant à la fois, d'importantes considérations sur l'étiologie, les professions, les affections morales. Ses connaissances étendues en physique et en chimie le font entrer, à propos des causes occasionnelles, dans de judicieuses réflexions sur la part qui revient aux conditions atmosphériques, à la chaleur, au froid, sur la production de l'hémoptysie par certains agents comme les acides minéraux, nitriques, hydrochloriques, nitreux, le chlore. Il reçut des éloges mérités de son maître, Laënnec, et de ses autres examinateurs, Landré-Beauvais, Cloquet aîné, Gaultier (de Claubry), etc.

De retour à Lyon, Rater concourut pour la place de médecin de l'Hôtel-Dieu. Ses débuts furent assez brillants pour lui faire conquérir d'emblée une des premières places dans cette phalange distinguée où se recrutent les personnalités les plus éminentes de notre corps médical. Il fut nommé le 22 juin 1832.

A l'hôpital, Rater multipliait les observations, les recherches et les expériences. Cette fièvre d'investigation ne lui faisait point abdiquer son droit d'examen et d'appréciation ; à l'esprit de recherche il savait allier l'esprit critique. Nous lui avons souvent entendu émettre cette pensée que la science médicale, en s'occupant de l'organisme humain, ne doit point dédaigner l'étude de l'âme, que cette science à la fois si belle et si utile est appelée à s'élever dans un temps plus ou moins rapproché vers les plus hautes sommités de la philosophie naturelle en éclairant les problèmes politiques et sociaux, auxquels elle ne peut demeurer étrangère. Ne doit-on pas convenir, en effet, que les études les plus savantes d'hygiène publique se mêlent à la pratique médicale de chaque jour chez le médecin prudent et éclairé, et qu'il est de la sorte le conservateur des races et de l'espèce en même temps que le bienfaiteur de l'individu et des familles ?

De telles idées qui alliaient les tendances spiritualistes à l'organisme qu'il ne pouvait répudier, donnaient une grande autorité à la parole du chef de service auprès des élèves qui suivaient sa

visite pour y entendre son enseignement doctrinal et pour s'exercer, sous sa direction, à l'auscultation et à la percussion.

Après son admission à la Société de médecine, le 4 juillet 1836, il ne fut point étranger à l'influence heureuse et prépondérante acquise, par notre compagnie, dans l'adoption et la propagation des mesures les plus utiles à l'hygiène publique, et plusieurs d'entre vous, Messieurs, se rappellent la facilité de sa parole, la profondeur et la lucidité de ses aperçus, la netteté avec laquelle il savait diriger et résumer les discussions lorsqu'il fut appelé à l'honneur de vous présider, en 1853.

Rater a peu écrit ; c'était surtout un homme de pensée. Il s'est borné à produire quelques articles irréprochables par le fond et par la forme. Ils portent la marque de son excellent esprit et sont écrits avec une rare correction.

Nous citerons d'abord une monographie fort complète mais inédite sur *les bains*. Ce travail comprend un historique sur les bains à diverses températures chez les anciens et chez les modernes. L'auteur considère toutes les variétés de bains au triple point de vue de la physiologie, de l'hygiène et de la thérapeutique. Il étudie les effets de l'absorption, les indications et les contre-indications des eaux minérales qu'il passe en revue, avec des détails qu'il ne nous est pas même possible d'aborder. — Nous mentionnerons ensuite un très-bon rapport sur *un nouveau moyen proposé par M. Dupasquier pour reconnaître la phthisie pulmonaire tuberculeuse.*

Le rapporteur démontre sans peine l'insuffisance et le peu d'originalité d'un moyen de diagnostic qui se résume, en définitive, dans l'application des deux mains sur les parois de la poitrine pour y constater le frémissement vibratoire, variable suivant les affections de la région. Ce moyen, déjà signalé par Laënnec, Andral, Piorry, Raciborsky, ne peut être considéré, avec ces éminents cliniciens, que comme secondaire, et peu sûr sans le secours de l'auscultation et de la percussion.

Une étude très-approfondie sur le *choléra*, un rapport sur un mémoire de M. Ulysse Chevalier à propos de l'*ossification accidentelle*, prouvent l'étendue des connaissances de l'auteur en pathologie générale, en physiologie et en anatomie pathologique.

Ces différents travaux mériteraient un sérieux examen. Mais j'ai hâte de vous parler du rapport de Rater sur le concours ouvert par la Société de médecine de Lyon, en 1853, rapport présenté au nom d'une Commission composée de MM. de Polinière, Brachet, Rougier, Pétrequin, Roy, Devay, Rater. Il fut choisi par le rapporteur comme sujet de son discours pendant sa présidence de 1854. La question mise au concours était la suivante : « De » l'insuffisance des hôpitaux civils de Lyon, de l'opportunité de « créer un hôpital nouveau ou plusieurs succursales, et de leurs « conditions. »

L'auteur du mémoire couronné (le docteur Aillaud) ayant prouvé que l'augmentation du nombre de lits est une chose indispensable, et ayant proposé de centraliser davantage encore toutes les ressources des pauvres, Rater s'élève contre cette pensée poursuivie de tout temps par l'Administration des hôpitaux, et voici les excellents motifs qu'il fait valoir : cette mesure aurait, selon lui, le grand inconvénient de diminuer les ressources, les legs, de tarir les secours que la charité verse tous les jours dans la main des malheureux.

« On aime souvent, dit-il, à voir figurer son nom sur différentes listes de souscriptions ; heureusement quelquefois aussi on aime à faire partie de l'Administration de l'OEuvre de bienfaisance dont on est un des créateurs. L'Administration des hôpitaux aurait-elle, avec tout le zèle possible et dont elle est animée, créé en si peu de temps l'établissement des Petites Sœurs des pauvres ? »

Nous devons ajouter, pour la vérité historique, que le rapport de Rater, autant peut-être que le mémoire de M. Aillaud, s'accordant l'un et l'autre à démontrer l'opportunité de fonder un hôpital nouveau ou plusieurs succursales, n'ont pas été étrangers à la création du bel hôpital de la Croix-Rousse.

Rater remplit avec habileté, pendant plusieurs années, les fonctions d'administrateur de l'usine à gaz de Lyon. Les questions de chimie qui s'y rattachent furent, plus d'une fois, éclairées par son savoir et son jugement. Mais, dans l'exercice de ces fonctions plutôt industrielles que scientifiques, ce qui doit surtout nous intéresser, ce sont les soins qu'il apporta à diriger les observations médicales et les recherches de la commission désignée par le comité médical du Dispensaire sur l'action du gaz des épurateurs dans le traitement de la coqueluche. Quelques cas malheureux survenus dans la pratique médicale avaient primitivement refroidi le zèle des membres de la commission. Cependant, la médication a aujourd'hui, en sa faveur, la sanction d'une expérience déjà ancienne ; et, ne l'oublions pas, c'est à l'intervention active, sagace et généreuse de Rater qu'est due la possession d'un moyen thérapeutique appelé à rendre d'incontestables services dans une affection qui fait souvent, par sa persistance et par ses complications, le désespoir des familles et des médecins.

Rater était de ceux qui pensent que la charité administrative ne doit faire que ce que ne peut pas faire la charité privée. Aussi, toutes ses sympathies furent-elles acquises au Dispensaire général qui résout, aujourd'hui, par son organisation intelligente et ses résultats prospères, la grande et économique question des secours à domicile.

Il serait superflu, Messieurs, d'entrer dans les détails concernant cette Œuvre de bienfaisance dont il vous a été si souvent parlé, et dans des termes qui ont trouvé plus d'un écho dans mes sentiments intimes. Il vous suffira de savoir que, dans les réunions de l'Administration ou dans les séances du Comité médical, soit comme membre consultant, soit comme président du Comité, nul ne fut plus exact et plus zélé que Rater. Nul ne savait mieux que lui, prodiguer dans les consultations, les richesses de son savoir et de son expérience ; sa parole autorisée était toujours écoutée avec respect, et son opinion savait rallier à elle tous les dissidents.

Pour ceux qui ont eu le bonheur de l'entendre, il était vraiment regrettable que Rater n'ait pas livré à la publicité ses idées si saines en pathologie en thérapeutique. Sans nul doute, il avait l'intention d'utiliser pour le plus grand intérêt du public médical de riches et abondants matériaux qu'il avait mis en réserve, disant avec Tacite : *Uberiorem, securioremque materiam senectuti seposui*, et le temps ne lui a pas permis de se donner cette satisfaction qu'il s'était ménagée pour ses vieux jours !

§ II.

Quel est le motif qui poussa Rater, né dans un milieu social où viennent se recruter, d'ordinaire, la magistrature, les administrations, l'armée ; quel motif, disons-nous, lui fit choisir de préférence la carrière médicale si pénible, si souvent décevante, si entravée surtout par les difficultés et par la longueur de la route ? C'est que Rater voulait faire son œuvre comme apôtre de l'humanité, pressé qu'il était par le besoin de son cœur, par le sentiment de ce qu'il devait, comme homme, à la société, ne cherchant sa récompense que dans la joie du devoir rempli, dans le charme secret des services rendus, et dans l'accomplissement répété du bien. Ne semble-t-il pas que cette phrase ait été écrite pour lui ? « La corporation médicale a toujours porté haut dans

« le passé le culte du devoir professionnel, et montré qu'elle ai-
« mait la science pour ses grandeurs, et l'art pour les services
« journaliers qu'il permet de rendre à nos semblables. » (A. Latour.)

Jeune encore, Rater avait ambitionné d'entrer dans cette corporation si utile et si parfaitement armée du pouvoir de faire le bien ; son noble cœur avait soif de charité et de dévoûment.

Lorsqu'une grave maladie vint frapper sa compagne aimée, son zèle et son activité furent arrêtés dans leur élan. Pendant quinze ans ses facultés se concentrèrent sur cette cause incessante de chagrin et de découragement. Il abandonna peu à peu la pratique médicale ; la gaîté de son caractère fut tarie, et la catastrophe qui survint, en 1861, ne lui laissa plus d'autre consolation que de soulager la douleur et l'affliction des malheureux.

Pour les êtres doués à la fois d'une puissante énergie et de la faculté de beaucoup aimer et de beaucoup souffrir, il arrive un moment où, de la contemplation de leur propre souffrance, ils s'élèvent au-dessus d'eux-mêmes, afin de trouver les moyens d'en préserver les autres. De là les magnanimes efforts qu'ils font pour engager avec les misères, disons mieux, avec les tortures qui assiègent et déchirent l'humanité, cette lutte sublime d'où résulte un bienfait pour les générations à venir.

Rater s'intéressa donc vivement à la solution de tous les problèmes sociaux qui tendent, par la charité surtout, à l'amélioration des classes pauvres. L'allègement des souffrances d'autrui fut, depuis cette époque, l'objet constant de ses préoccupations.

Son âme compatissante et pieuse mettait autant de soins à cacher ses bienfaits que d'autres en mettent à les publier. Que lui importait la vaine gloire de passer aux yeux du monde pour un généreux bienfaiteur ? Ce qui lui suffisait, c'était l'intime satisfaction, qui se conciliait si bien avec sa profonde modestie, d'avoir soulagé des infortunes. Sans soulever entièrement le voile qui doit cacher les trésors de cette charité qu'il pratiquait avec des délicatesses infinies, je ne puis taire que j'ai eu la vive satisfaction de voir à l'œuvre ce véritable ami des pauvres.

Plus d'une fois j'ai été, auprès des indigents de notre OEuvre du Dispensaire général, le mandataire de ses aumônes. Une mère de famille, une accouchée manquait-elle de viande, de vin, de linges pour elle et pour ses enfants? je n'avais qu'à signaler cette détresse ; immédiatement elle était secourue. Et, comme si ce n'était pas assez d'avoir répandu tant de bienfaits autour de lui, pendant sa vie, sa digne famille, par un acte de bienfaisance qui mérite d'avoir de nombreux imitateurs, a légué au Dispensaire général une somme de 7,000 francs pour perpétuer ses traditions et pour honorer convenablement la mémoire de ce Montyon de l'assistance à domicile.

L'Administration de l'OEuvre du Dispensaire a payé son tribut de reconnaissance aux donateurs en accordant à leur libéralité le titre de *Fondation-Rater*. Cette fondation donne aux indigents malades secourus par l'OEuvre des bons de viande et de vin.

Heureuse inspiration, amélioration bien désirable et depuis longtemps attendue, dont il faut attribuer le mérite à l'influence même du nom de Rater et au souvenir de ses vertus !

Nature essentiellement bonne, honnête, mais jalouse de son indépendance et soucieuse de sa dignité, Rater savait appliquer aux principes, au devoir, en un mot à tout ce qu'il y a de grand dans la vie, une volonté ferme et inébranlable. S'il n'avait aucun penchant pour tout ce qui impressionne la foule, il avait ce qui peut entraîner les esprits sensés et sérieux, une instruction profonde et variée, un jugement droit et exquis.

Sans sortir de son calme habituel, sans se départir des formes les plus polies et les plus courtoises, dans nos discussions soulevées à la Société de médecine ou au Comité médical du Dispensaire, par la justesse et l'à-propos de ses citations, par la vigueur et la netteté de sa logique, Rater sut plus d'une fois rallier à lui des opinions d'abord divergentes, ou se concilier des adversaires scientifiques.

Un exemple fera ressortir la droiture et la délicatesse de son caractère :

On lui offrit la chaire de clinique interne à l'Ecole de médecine de Lyon. Quoique cette proposition flattât vivement son amour-propre et répondît à tous ses désirs, comme il s'agissait de déplacer un ami (1), il refusa.

Dans le commerce de la vie, il dédaignait toute espèce de prétention, sans jamais abdiquer sa dignité, sans que la familiarité vînt blesser le respect.

Tendre et affectueux avec les siens, il était avec tous d'une urbanité parfaite, et d'une simplicité cordiale.

Il n'a point ignoré, surtout, ce qu'il y a de doux, de sublime dans l'amour paternel, l'amitié et tous ces sentiments tendres qui embellissent la vie, s'ils ne sont pas la vie tout entière.

Cette chaleur du cœur, l'espérance dans le bonheur de ses chers enfants et dans l'avenir de ses petits-fils qu'il adorait, se joignaient à une conscience pure et à une bienveillance sans bornes pour retarder l'échéance de la vieillesse trop souvent assaillie par les tourments intérieurs qui usent si vite le cœur en affaiblissant l'organisme.

Il fut frappé soudainement, comme l'avait été déjà l'un de ses frères, d'une attaque d'apoplexie cérébrale, sous les yeux d'une personne amie à laquelle il rendait visite.

Profonde et douloureuse fut l'impression ressentie par sa famille et par ses amis à la nouvelle de cette catastrophe. Et com-

(1) Le professeur Pointe.

ment ne serais-je pas pénétré, moi-même, d'une poignante émotion au souvenir d'une fatale coïncidence qui enleva le panégyriste (1) un mois après avoir prononcé un discours sur la tombe de son ami ?

En peu de temps, Messieurs, nous avons vu nos rangs s'éclaircir ; mais les collègues, aussi distingués par les qualités du cœur et de l'esprit que par les talents et le savoir, que nous avons vu disparaître si rapidement, ne sont point morts tout entiers.

Leurs œuvres leur survivront ; et ce n'est pas sans une légitime fierté, ce n'est pas surtout sans respect que, jetant un regard en arrière, nous considérons ceux qui furent nos maîtres, nos collègues, nos amis.

(1) Le docteur Gubian père.

www.ingramcontent.com/pod-product-compliance
Lightning Source LLC
Chambersburg PA
CBHW060925050426
42453CB00010B/1865